우린 모두 달라!

어린이 젠더

오누키 시오리 글
무라타 에리 그림
마쓰오카 소시 감수
송지현 옮김
초등젠더교육연구회
아웃박스 한국어판 감수

머리말

안녕하세요, 여러분! 출산을 돕는 일을 하는 오누키 시오리입니다. 저는 유튜브에서 여성과 남성의 몸의 구조나 임신, 출산 등에 관한 지식을 전하고 있습니다. 이번에는 그중에서도 '젠더'에 관해 이야기하려고 해요.

'젠더'란 사회에서 정한 성별이에요. 예를 들면, '요리나 빨래는 여자가 하는 일이야.', '남자는 강해야 하니까 울어서는 안 돼.' 같은 말처럼, 태어날 때부터 주어진 성별로 역할과 삶의 방식을 가르는 생각이 바로 젠더죠.

꽤 오랫동안 우리 사회는 젠더에 따라 행동하는 것을 그다지 이상하게 여기지 않았어요. 하지만 점점 '남자답게', 또는 '여자

답게'라는 틀에 맞춰 생각하는 걸 불편해하는 사람이 많아지고, 무엇보다 '나답게 사는 것'이 중요하다는 생각이 퍼지고 있어요.

  이 책은, 여러분이 '나다움'을 발견하고 자신을 자랑스럽게 여기며 살아갈 수 있도록 도움을 주고 싶어서 만들었어요. 여러분이 여러분답게, 좋아하는 일을 마음껏 즐기며 당당히 이 세상을 살아갈 수 있길 바랍니다. 그리고 다른 사람의 '나다움'도 존중해 주면 좋겠어요.

오누키 시오리

차 례

❶ 어째서 여자만? 어째서 남자만? • 6

남자아이는 장난꾸러기?
여자아이는 수다쟁이? • 60

❷ 아빠와 엄마는 무얼 하는 사람이라고 생각해? • 62

여기서 무엇이 정상일까? • 96

남자와 남자

❸ 남자는 여자만 좋아해? 여자는 남자만 좋아해? • 98

어떤 사람이 멋진 사람일까? • 120

모두 다르지만 다 좋아! • 122

맺는 말 • 140
어린이 지킴이인 어른들에게 • 142

어째서 여자만?
어째서 남자만?

이럴 땐 어떡해?

나, 책가방은 빨간색이 좋아.
그렇지만 빨강은
여자 색깔이라서
안 된대.

가족들과 함께 책가방을 사러 갔다가
멋진 빨간색 책가방을 보고 한눈에 반했어.
"나, 이걸로 할래요." 했더니
어른들이 모두 이상하다는 듯한 표정을 짓는 거야.
그러고는 이렇게 말했어.
"남자다운 검정이나 파랑으로 하지 그러니?"
빨강은 여자 색이래. 정말이야?

이렇게 말해 봐!

빨강이 여자 색이라고 누가 정했어? 내가 좋아하는 히어로 캐릭터도 빨간 옷을 입었지만 남자거든?

남자다운 색이란 뭘까? 여자다운 색이란 또 뭘까?
색깔에는 남자다운 것도, 여자다운 것도 없어.
네가 좋아하는 히어로 캐릭터도 빨간 옷을
입었지만 남자잖아. 만약 누군가 놀리면
"뭐 어때? 내가 좋아하는 색이야." 하고 말해 줘.

네 생각은 어때?

이럴 땐 어떡해?

나는 왠지
치마가 싫어.
하늘하늘한 옷도
별로야.

엄마랑 옷을 사러 갔는데
"이게 예쁘지 않아?" 하면서 하늘하늘한 블라우스나
팔랑거리는 치마를 입어 보라고 하는 거야.
하지만 난 그런 옷을 좋아하지 않아.
입기 싫다고 하면 엄마가 속상해할까?

이렇게 말해 봐!

내가 좋아하는 건
이런 거야.

왠지 그냥
이런 옷이
마음에 들어.

"난 이 옷 입고 싶어." 하고 솔직하게 말해 보는 건 어떨까? 그리고 마음에 안 들면 마음에 들지 않는다고 말해도 괜찮아. 이유를 알 수 없더라도 그대로 말하는 것이 좋아. '왠지 좋아.', '왠지 싫어.' 하는 너의 속마음을 소중하게 여겼으면 좋겠어.

네 생각은 어때?

난 이게 좋아!

주변 어른들에게도 말해 보자.

이럴 땐 어떡해?

사실 난 전쟁놀이보다
집에서 인형놀이랑
소꿉놀이하면서
놀고 싶어….

노~올자!

친구들이 전쟁놀이하자고 부르면 거절을 못 하겠어.
그래서 언제나 함께 어울려 놀지만,
사실은 집에서 인형놀이나 소꿉놀이하는 게 더 좋아.
하지만 친구들이 놀릴 것 같아서 말할 수 없어.

이렇게 말해 봐!

같이 놀고 싶은 친구에게
먼저 이렇게 말해 보면 어때?
"나 소꿉놀이하고 싶어."
라고 말이야.

함께 놀고 싶은 친구에게
"난 소꿉놀이 좋아하는데 같이 할래?"라고 말해 봐.
좋아하는 것을 당당하게 즐기는 네 모습이 아주 멋져.
친구들이 놀리면 어떡하냐고?
놀리는 사람이 잘못이라는 걸 잊지 마.

네 생각은 어때?

만일 놀림당해서 힘들면 주변 어른에게 털어놔 봐.

이럴 땐 어떡해?

여자아이는 머리가 길고
얌전해야 인기가 있대.
내 모습과는 전혀
다르잖아.

다들 나보고 남자애 같대.
집에서 노는 것보다 공원에서 술래잡기하는 게 더 재밌고,
머리카락은 짧은 데다, 치마보다 바지를 좋아하거든.
그런데 얼마 전에 누가 그러더라?
"너 그러면 인기 없어."
나, 이렇게 하면 안 되는 거야?

> **이렇게 말해 봐!**

난 인기 없어도 되거든?
있는 그대로의 내 모습을
좋아해 주는 친구가
딱 한 명이라도 있으면
그게 더 좋아!

꼭 많은 사람이 날 좋아해야 할까? 단 한 명이라도 있는 그대로의 내 모습을 좋아해 주는 쪽이 더 낫지 않아? 또, 내가 멋진지 아닌지는 다른 사람이 정하는 게 아니야. 이 점, 꼭 기억했으면 좋겠어.

이럴 땐 어떡해?

아빠한테
"남자가 징징거리면
안 되는 거야!"
하고 꾸중들었어.
남자는 울어선
안 되는 걸까?

공원에서 넘어져서 무릎이 까졌어.
너무 아프고 피까지 나서 나도 모르게
눈에서 눈물이 뚝뚝 떨어졌어.
"잉잉! 너무 아파!" 그랬더니 아빠가
"남자가 징징거리면 안 되는 거야!" 하시는 거야.
남자가? 남자는 아파도 눈물을
참아야 하는 거야?

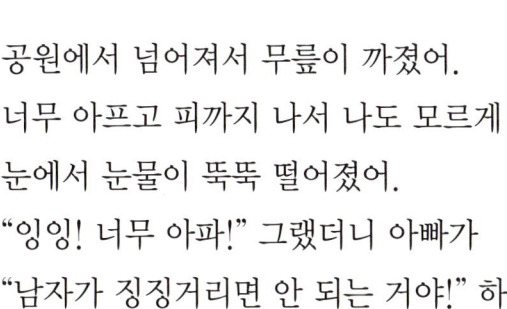

이렇게 말해 봐!

남자도 슬플 땐
눈물이 나와요.
아빠도 울고 싶을 땐
울어도 돼요.

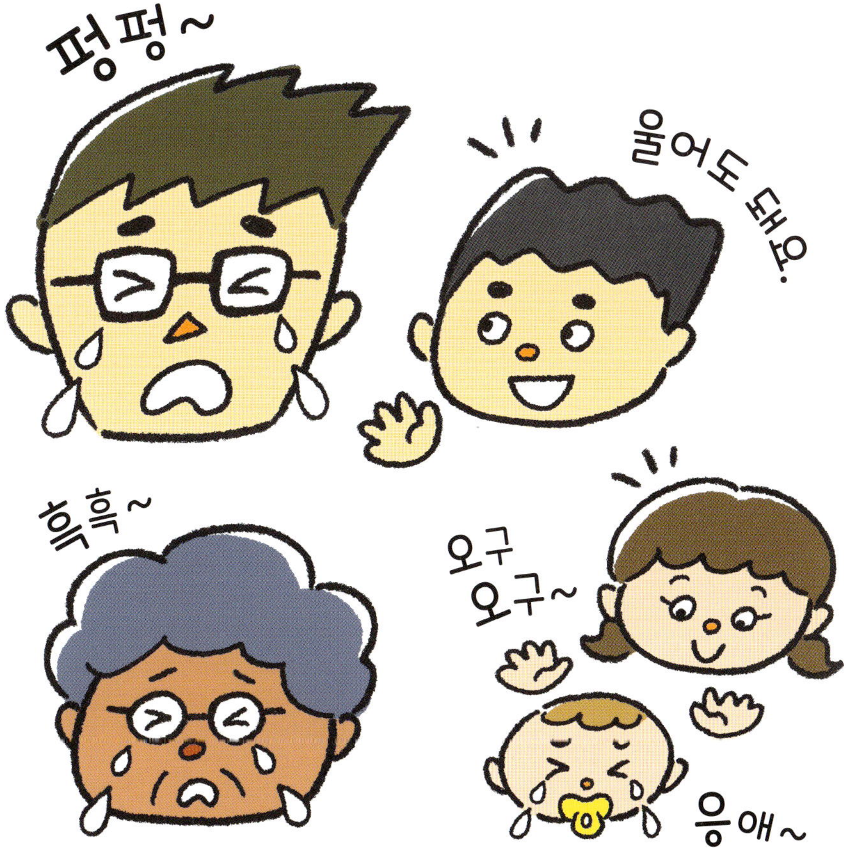

힘들거나 슬플 때 눈물이 나는 건 누구나 똑같아.

마음껏 울고 나면 속이 시원하지 않아?

우는 것도 웃는 것만큼 중요해. 네 안에서 자연스럽게

우러나오는 마음을 소중히 여기면 좋겠어.

가족이나 친구의 마음도 소중히 여겨 줘.

이럴 땐 어떡해?

나도 치마를
입어 보고 싶어!
공주님처럼
예쁠 것 같거든.

나는 공주가 나오는 영화 보는 걸 좋아해.
공주님이 입고 있는 예쁜 옷, 하늘하늘하고 풍성한 치마,
진짜 예뻐. 나도 저런 드레스를 입어 보고 싶어!
하지만 치마를 입는 남자는 본 적이 없어.
치마는 여자만 입을 수 있는 걸까?

그럼 치마를 한번
입어 보는 것도
좋을 것 같아!
우선 집에서
말이지.

치마를 입고 싶으면 입어도 괜찮아. 치마를 입는 남자를 본 적이 없는 건, 여자 옷이라는 고정관념 때문에 잘 입지 않기 때문이야. 누구나 좋아하는 옷을 자유롭게 입는다면 치마든 바지든 이상하게 바라보는 사람이 없는 세상이 될 거야.

네 생각은 어때?

거울아, 거울아…

멋지다!

이럴 땐 어떡해?

누가 나한테
"못생긴 주제에!"
라고 했어.
정말 너무해!
그런데… 진짜 그래?
나 정말 못생겼어?

너 정말 못생겼어

못생긴 주제에!

오늘 같은 반 남자애랑 싸웠어.
그랬더니 그 애가 나한테 "못생긴 주제에!"라고 하는 거야!
그때는 못 들은 척했지만 사실은 진짜 상처받았어.
엄마 아빠는 언제나 우리 딸이 제일 멋지다고 해 주는데.
사실 난 정말 못생긴 걸까?

이렇게 말해 봐!

아, 넌 그렇게 생각하는구나? 하지만 난 내가 꽤 괜찮다고 생각하거든?

무엇보다 중요한 것은 누군가의 외모를 두고
함부로 말해서는 결코 안 된다는 거야.
그런 무책임한 말을 하는 친구에게는 이렇게 말해 주자.
"아, 너는 그렇게 생각하는구나?
그런데 나는 내가 아주 마음에 들거든?"
다른 사람이랑 비교할 필요 없어. 너는 너니까.

이럴 땐 어떡해?

꼬맹이라고 무시당해서 화가 나! 내일 아침 눈을 떴을 때 키가 쑤욱 커져 있으면 좋겠어.

얼마 전에 놀이터에서 사귄 친구랑
달리기 시합을 했는데 내가 이겼어.
그랬더니 "키도 작은 주제에!"라며 무시했어. 정말 화가 나!
사실 나는 다른 친구들에 비해 좀 작긴 해.
아아, 내일 아침 눈을 떴을 때 키가 커져 있으면
얼마나 좋을까.

이렇게 생각해 봐!

다른 사람과
비교할 필요 없어!
그런 말에 휘둘리지 말자.
몸의 특징을 가지고
놀려선 절대 안 돼!

뚱뚱하다거나
빼빼 말랐다고 놀리는 것도
마찬가지야!

몸의 특징을 가지고 놀려선 안 돼. 우린 모두 다른 특징을 가지고 있고, 어느 쪽이 좋다고 할 수 없어. 친해지고 싶어서 그랬다고? 그건 완전히 잘못된 생각이야. 정말 친해지고 싶다면 상대방의 좋은 면을 찾아서 칭찬해 주는 게 훨씬 좋은 방법이야.

네 생각은 어때?

어떻게 생각해?

여자애들은 겉으론 친해 보여도 뒤에선 서로 흉본다며? 텔레비전에서 봤어. 여자애들 무섭다!

얼마 전에 텔레비전에서 봤는데
여자애들이 같이 모여서 놀 때는 친해 보여도,
뒤에서는 그 자리에 없는 애 흉을 보고 그런대.
여자애들 정말 무서워. 남자들은 싸울 땐 싸워도
늘 친구라는 느낌인데.

이렇게 생각해!

남을 흉보는 건
언제나 여자라고?
여자들의 의리가
얼마나 멋진데.
성별을 구분 지어
판단하는 건
옳지 않은 태도야.

여자들은 언제나 남을 흉본다고? 얼마나 서로 힘을 합치고 도우며 살아가는데. 물론 남자들도 마찬가지. 어쩌다 서로 흉보고 챙기지 못할 때도 있겠지만, 그건 성별의 차이가 아니야.

네 생각은 어때?

어떻게 생각해?

치마 들추면서 "아이스께~께!" 하는 건 정말 싫어! 선생님은 "그 애가 널 좋아하나 보다."라고 하시지만, 좋아하면 어떻게 해도 괜찮은 걸까?

학교에서 치마를 들추는 애들이 있어.
선생님께 말하면 웃으시며 "그 애가 널 좋아하나 보다."
라고 하시더라. 어째서 그렇게 말씀하시는 거지?
남들 앞에서 놀림당하니까 부끄럽고 화가 나.
하나도 재미없어!

이렇게 생각해!

치마를 들추며 상대방을
기분 나쁘게 하는 행동은
장난이 아니라 범죄야.
좋아서 그랬다는 변명으로도
절대 용서할 수 없어.

'치마 들추기'는 상대에게 상처를 주는 잘못된 행동이야. 누군가 내 몸을 함부로 보거나 만지려고 하면 분명하게 "안 돼!"라고 해야 해. 좋아해서 관심을 끌고 싶었다고 해도 그건 장난으로 받아들일 수 없어. 절대 해선 안 되는 짓이야. 남자끼리도, 여자끼리도 마찬가지야.

어떻게 생각해?

만화에서는
여자가 목욕하는 걸
훔쳐봐도 되는 걸까?
그 여자는 왜
싫어하지 않지?

싫지 않은 걸까?

만화를 보는데 남자애가 친한 여자애를 훔쳐보는 장면이 나왔어. 목욕하고 있는데 말이야! 그런 짓을 해도 되는 거야? 게다가 만화 속 여자도 "꺄악!" 하고 부끄러워했지만 싫다고 말하지 않더라. 왜 그럴까? 내가 목욕하는 모습을 친구가 몰래 봤다면 부끄럽고, 화가 나고, 기분 나쁠 것 같은데.

이렇게 생각해!

다른 사람의 몸을
몰래 보고 즐거워하는 짓은
절대 해서는 안 돼!
절대 흉내도 내지 마.

목욕을 하는 욕실은 나만의 안전한 공간이어야 해.
그런 곳을 몰래 훔쳐보고 재미있어 하는 행동은
절대 해선 안 돼. 그건 안전을 침해하는 범죄야.
아주 불쾌하고 화가 날 거야. 이젠 만화에서도
이런 장면이 나와서는 안 되겠지?

 네 생각은 어때?

이런 행동은 절대 하지 말자!

누가 억지로 몸을 만지려고 하면 "안 돼!", "싫어!"라고 말해. 그런 다음 믿을 수 있는 어른들께 꼭 알려야 해!

어떻게 생각해?

만화를 보니까 남자가
좋아하는 여자를
벽에 밀친 뒤 턱을 잡고
억지로 고개를 들어 올리는
장면이 나왔어.
그렇게 하는 게 멋진 거야?

누나가 읽는 만화책을 보니까 두 주인공이 연인으로
나오더라고. 그런데 남자 주인공은 여자 주인공이 기댄
벽을 손으로 쾅 치거나 여자의 턱을 갑자기 들어 올리더라?
흠…. 이렇게 하면 여자애들이 좋아해?
이렇게 하는 남자가 멋있는 거야?

이렇게 생각해!

누구든 그런 일을 당하면
기분 나빠.
무서워하는 사람도 있어.
전혀 멋진 행동이 아니야.

좋아하는 사이여도 이런 행동은 정말 불쾌해.
무서운 사람도 있을 거야. 잘생기면 괜찮지 않냐고?
생긴 건 전혀 상관없어. 상대방의 동의 없이 억지로 껴안거나
뽀뽀하려는 행동은 그 누구도 원하지 않을 거야.

네 생각은 어때?

이럴 땐 어떡해?

여럿이 함께 어울려
수줍음 많은 아이의
바지를 내리고 놀렸어.
사실 난 하고 싶지
않았는데….

난 친구들과 모여서 노는 걸 좋아해!
그런데 요즘 마음이 답답한 일이 생겼어.
학교에 수줍음 많은 아이가 있는데, 애들이 그 애 바지를
내리고선 놀리는 거야. 그러면 그 아이는 언제나 울고 말아.
그럼 울보라고 또 놀려. 사실 난 별로 그러고 싶지 않아.
하지만 그만하자고 말할 용기가 없어.

이렇게 말해 봐!

난 이런 놀이 하나도 재미없어. 뭐 하고 놀면 훨씬 더 재미있을지 우리 같이 생각해 보자!

단호하게!

중요한 내용이니까 다시 이야기할게.
다른 사람 몸을 함부로 보는 행동은 절대 해선 안 돼.
그런 건 놀이가 아니라 범죄야. 전혀 재미있지 않아.
그러고 싶지 않은 너의 마음을 존중하도록 해.
그런 다음 어른에게 도움을 요청해 봐.
그 애를 구해 줄 수 있는 건 너뿐일지도 몰라.

네 생각은 어때?

남자아이는 장난꾸러기?
여자아이는 수다쟁이?

남자와 여자는 뇌 구조가 달라서 태어날 때 이미 특징이 결정된다고 생각하는 사람들이 있어. 정말 그럴까? 너는 어떻게 생각해?

남자아이

소란스럽게 뛰어다닌다?

기차와 자동차를 좋아한다?

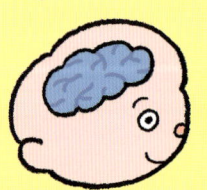
꼼꼼하지 않다?

여자아이

말이 많다?

하트나 꽃 모양을 좋아한다?

남을 잘 돌본다?

뇌의  구조 때문?

다양한 의견이 나오지 않을까?

맞아. 분명 사람마다 대답이 다를 거야.
사람마다 성향이 다 달라서 남자와 여자로만 나눌 수는 없다고 생각해.
'남자애니까 장난꾸러기겠지.', '여자애니까 다른 사람을 잘 돌볼 거야.'
이런 편견에 사로잡히지 말고, 각자 나다움을 충분히 발휘하며
살아가는 세상이 되었으면 좋겠어.
너는 어떻게 생각해?

남자의 뇌와 여자의 뇌가 태어날 때부터 차이가 없다고 보는 뇌과학자도 많아.

2

아빠와 엄마는 무얼 하는 사람이라고 생각해?

어떻게 생각해?

"배고프다!
엄마, 밥 언제 먹어요?"
응? 그런데 왜 밥은 항상
엄마가 하는 거지?

"아, 배고파! 엄마, 밥 언제 먹어요?
어? 엄마가 없네. 아빠, 엄마 어디 갔어요?"
……

그런데 생각해 보니 왜 항상 엄마를 찾는 거지?
왜 아빠한테는 밥 언제 먹냐고 묻지 않는 걸까?

이렇게 생각해 봐!

요리는 엄마만 해야 할까?
가족이 함께 먹을 건데
누가 만들어도 좋지 않을까?

식사 준비란 정말 엄마만의 일일까?
영화나 책에서 보고 그렇게 생각해 온 건 아닐까?
가족이 먹을 식사 준비는 엄마 아빠가 함께 할 일이야.
그뿐만 아니라 빨래나 청소도 마찬가지. 살아가는 데
꼭 필요한 일에 남자와 여자를 구분할 필요 없잖아.

어떻게 생각하면 좋을까?

친구네 집에 놀러 갈 때마다 친구네 아빠가 집에 계셨어. 일을 안 하시는 걸까?

아빠는 매일 직장에 나가서
가족을 위해 돈을 벌어 와야 하지 않아?
그런데 친구네 집에 놀러 가면 아빠가 항상 집에 계셔.
친구네 아빠는 일을 하지 않는 걸까?
그럼 옷이나 반찬은 무슨 돈으로 사지?

이렇게 생각해 봐!

돈을 버는 것은
꼭 아빠의 일일까?
그런 건 가족이 함께 모여
이야기해 보면 돼.

"아빠는 직장에 나가서 돈을 벌어 와."
"엄마는 집에서 청소랑 빨래를 해."
이게 과연 정답일까? 아빠가 청소나 빨래 같은 집안일을 하고,
엄마가 돈을 벌어오는 가족도 많이 있어.
가족의 역할은 각 가정마다 다를 수 있는 거야.
가족이 함께 의논해서 정하면 좋겠지?

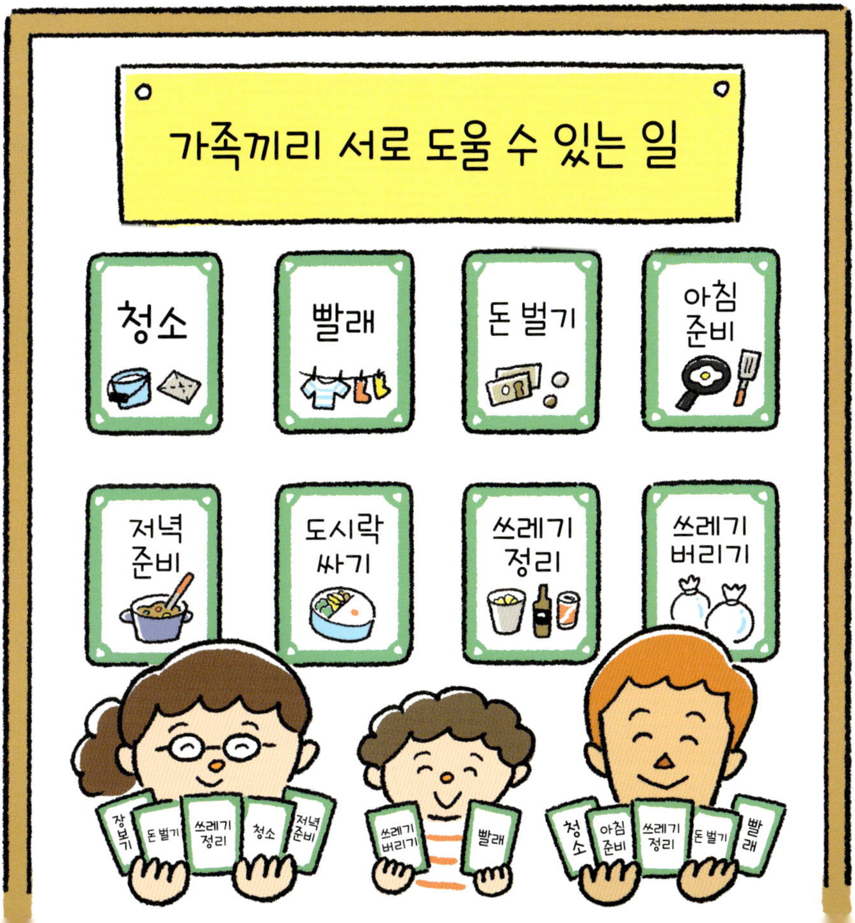

어떻게 생각하면 좋을까?

담임 선생님은 아기를 낳고
돌봐야 해서 1년 동안
육아 휴직을 하실 거래.
어? 그런데 어째서
남자 선생님들은
육아 휴직을
하지 않지?

우리 반 담임 선생님은 아기를 낳고 돌봐야 해서 1년간 학교에 나오지 않으신대. 그런데 옆 반 남자 선생님도 작년에 아기가 태어났는데 계속 학교에 나오셨는걸. 왜 그럴까? 아기를 돌보는 건 엄마만 할 수 있는 일일까?

> **이렇게 생각해 봐!**

아직까지 남자가 육아 휴직을 하는 경우는 여자에 비해 아주 적어. 하지만 우리 함께 바꿔 가자!

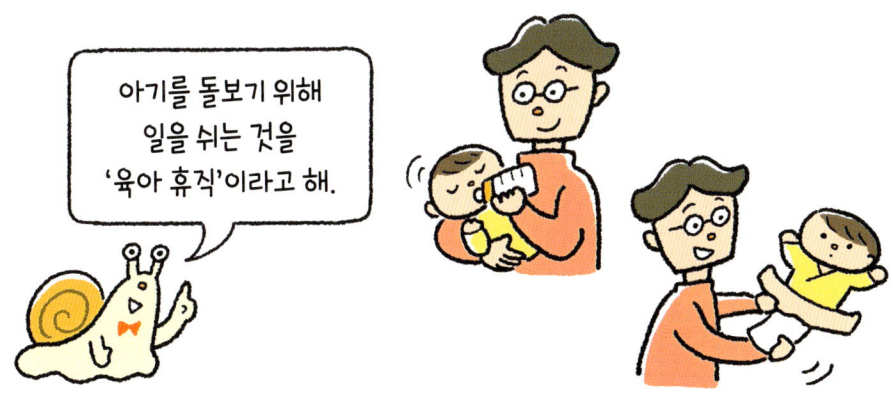

아직은 남자가 아기를 돌보기 위해 직장을 쉬는 경우가 많지는 않지만 최근 들어 점점 늘어나고 있어. 아기를 낳는 것과 젖을 주는 것은 엄마만 할 수 있지만 분유 주기, 기저귀 갈기, 목욕시키기, 안아 주기, 재우기 같은 것들은 아빠도 할 수 있어.

네 생각은 어때?

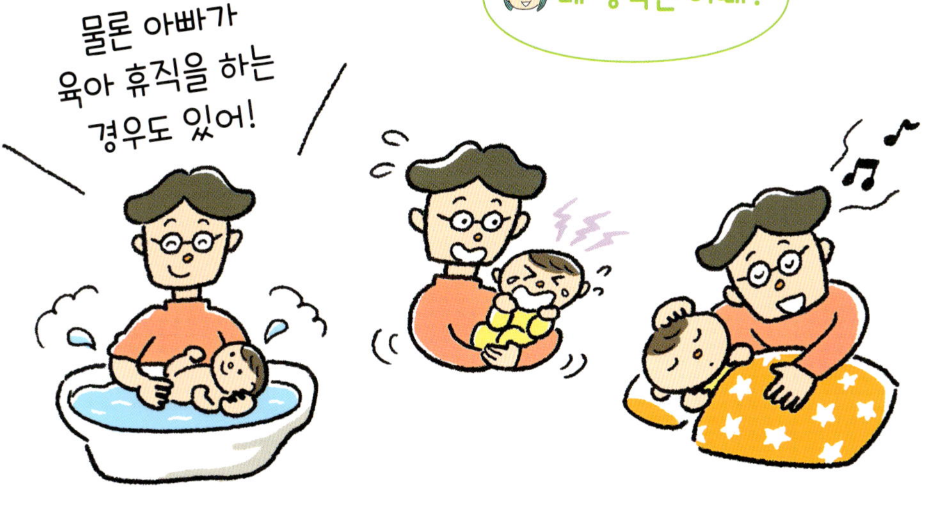

이럴 땐 어떡해?

우리 할아버지는
나한테 자꾸
"여자애는 그렇게
열심히 공부하지 않아도
된단다." 라고 하셔.
왜 그러실까?

할아버지 댁에 가면 학교에서 배운 것을 말씀드리거든?
그러면 항상 "여자애는 어차피 시집갈 거니까
그렇게 열심히 공부하지 않아도 된단다."라고 하셔.
왜 그렇게 말씀하실까? 내가 남자였어도 그렇게
말씀하셨을까?

이렇게 말해 봐!

난 내 힘으로
자유롭게 미래를
선택하고 싶어서
공부하는 거예요.

파이팅!

옛날 사람들은 집에서 아이를 돌보고, 요리를 하고, 청소와 빨래를 하면서 직장에 다니는 남자를 돕는 것이 여자가 할 일이라고 생각했어. 하지만 성별에 따라 정해진 일은 없어. 그리고 누구든 공부할 자유가 있어. 미래를 꿈꿀 자유가 있는 것처럼 말이야.

네 생각은 어때?

이럴 땐 어떡해?

명절이나 큰 행사 때
할아버지 댁에 모이면,
일하는 건 언제나
여자들뿐이야.
왜 그런 거지?

"여기 술 떨어졌어!"
"네네, 지금 가요."
명절에 할아버지 댁에 모이면 언제나 이런 분위기야.
남자 어른들은 술 마시고 떠들며 편하게 있는데,
여자 어른들은 요리하고 설거지하면서 바쁘게 일만 해.
이유가 뭘까?

이렇게 말해 봐!

엄마, 할머니!
여기 오셔서 좀 쉬세요.
설거지는 저랑 아빠랑
할아버지가 할게요.

가시죠?
배고팠는데.

그럴까?

옛날 사람들은 가족 중에서 가장 어른은 나이 많은 남자고, 여자의 역할은 시중을 드는 것이라 생각했대. 그런 사고방식이 남아 있는 건지도 몰라. 하지만 이제 시대가 바뀌었어. 식사 준비, 청소, 빨래는 모두 같이 해야 할 일이야. 살아가려면 꼭 필요한 능력이니까.

네 생각은 어때?

이럴 땐 어떡해?

내가 오빠니까
항상 나보고 참으래.
왜? 왜 늘 나만
참아야 해?

동생은 귀엽지만….

"오빠잖아!" 아아, 또 저 소리. 먼저 때린 건 동생인데.
내 소중한 그림책을 찢어 버려서 얼마나 슬픈데.
엄청 좋아하는 치킨도 마지막 한 조각은 언제나 동생 몫.
나는 늘 양보한다고! 동생만 예뻐하는 건 불공평해.
왜 늘 나만 참아야 해?

이렇게 말해 봐!

항상 나만 참아요!
하지만 참기만 하다 보면
슬퍼질 때도 있어요.

오빠로서 최선을 다하고 있구나. 하지만 늘 참기만 하면
슬플 거야. 힘들 땐 그 기분을 있는 그대로 전해 보면 어떨까?
어른들도 사람이라서 완벽하지는 않아.
그래서 부탁하면 잘 들어주는 너에게
자꾸 기대는 건지도 몰라.

이럴 땐 어떡해?

간호사나 어린이집 선생님 중에는 남자가 별로 없네? 나는 커서 그런 일을 하고 싶은데.

나한테는 남동생이 둘 있어. 내가 매일 기저귀도 갈아 주고, 안아 주기도 해. 난 아기를 돌보는 데 재능이 있는 것 같아. 둘 다 너무 귀여운걸! 커서 어린이집 선생님이나 간호사가 되고 싶어. 하지만 남자 어린이집 선생님이나 남자 간호사가 별로 없더라고. 내가 할 수 없는 일일까?

이렇게 해 보면 어때?

남자라서,
혹은 여자라서
할 수 없는 직업은
이제 없어.
당당하게 도전해 봐!

우리의 재능은 '남자라서', 혹은 '여자라서' 주어진 게 아니야.
옛날에는 다른 사람을 돌보는 일은 여자가 해야 할 일이라고
생각했어. 그 생각이 아직 남아 있어서 그 일을 하는 여자가
더 많은 거지, 남자가 할 수 없는 일이기 때문이 아니야.
신경 쓰지 말고 하고 싶은 일을 향해 나아가렴.

네 생각은 어때?

이럴 땐 어떡해?

텔레비전에 나오는 중요한 직책을 맡은 사람들을 보면 거의 남자들이야. 왜 그럴까? 여자는 중요한 일을 하기 힘든 걸까?

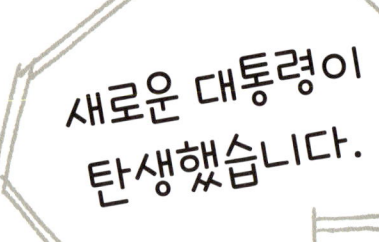

새로운 대통령이 탄생했습니다.

듣고 보니 그러네.

중요한 자리에 있는 사람들은 대부분 남자인 것 같아!
뉴스를 보면 여자는 조금밖에 없더라고. 나는 커서 많은 사람을
이끄는 리더가 되고 싶은데, 여자는 그렇게 되기 힘든 걸까?
남자로 태어날걸 그랬어!

이렇게 생각해 봐!

세상에는 여자가 리더인 나라도 있어. 당장 큰 변화를 일으키기는 어려울 수도 있겠지만 절대 포기하지 마!

나라를 이끌었던, 또는 이끌고 있는
세계의 여성 리더들

대만
차이잉원 총통

뉴질랜드
저신다 아던 총리

독일
앙겔라 메르켈 총리

덴마크
메테 프레데릭센 총리

노르웨이
에르나 솔베르그 총리

핀란드
산나 마린 총리

아이슬란드
카트린 야콥스도띠르 총리

나라의 중요한 자리에 있는 사람들이 대부분 남자들이니까 그런 생각이 들 수도 있어. 과거에는 세상의 규칙을 남자들이 정하곤 했지. 하지만 점점 여성이 이끄는 나라들이 늘어나고 있어. 그러니까 포기하지 마. 당장 큰 변화가 눈에 보이지 않더라도 세상은 조금씩 변해 가고 있으니까!

네 생각은 어때?

여기서 무엇이 정상일까?

"주먹밥 중에 연어 주먹밥을 좋아하다니, 정말 이상해!"
"참치마요가 아니면 주먹밥도 아니야."
이런 말을 하는 사람은 아무도 없을 거야.

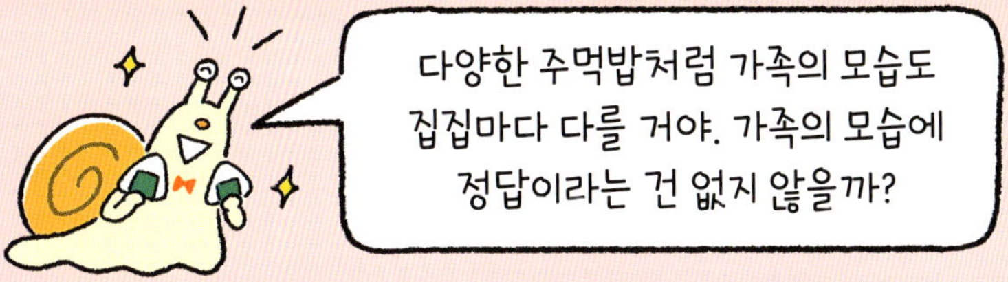

다양한 주먹밥처럼 가족의 모습도 집집마다 다를 거야. 가족의 모습에 정답이라는 건 없지 않을까?

고추장 불고기
매콤하고 쫄깃쫄깃!

버터 장조림
단짠의 정석!

미역
먹기 편한 게 최고!

맨밥

다른 맛도 많이 있어!

사람에게는 저마다 좋아하는 놀이, 좋아하는 색, 좋아하는 옷, 좋아하는 사람이 있어. 좋아하는 건 얼마든지 더 있을 수 있지. 그런데 어떤 건 정상이고 어떤 건 그렇지 않은 걸까? 주먹밥 맛이랑 마찬가지 아닐까? 어떻게 생각해?

3

남자는
여자만 좋아해?
여자는
남자만 좋아해?

여자와 여자

남자와 남자

어떻게 생각해?

남자가 연애를 하고
사랑에 빠지는
상대는 오로지
여자뿐이야?
그게 '정상'인
거야?

남자와

텔레비전을 켰더니 어떤 남자 연예인이 남자를 좋아한대. 남자는 여자를 좋아해야 정상 아니야?
나는 같은 반 유리를 좋아하고, 지훈이는 수정이, 민호는 하나를 좋아해. 남자를 좋아하는 남자는 없는데?

이렇게 생각해 봐!

남자가 남자를 좋아할 수도 있어. 사람이 사람을 좋아하는 여러 가지 모습 중 어떤 모습만 정상이라고 할 수 없어.

남자 ♥ 남자

달팽이는 모두 암컷이기도 하고, 수컷이기도 해!

여자가 여자를 좋아할 수도 있고, 남자가 남자를 좋아할 수도 있어. 둘 다 좋아할 수도 있고, 꼭 누구를 좋아하지 않을 수도 있어. 그리고 태어났을 때 정해진 자기 성별이 어쩐지 잘 맞지 않는다고 느끼는 사람도 있지. 누구에게나 꼭 맞는 정답은 없어.

이럴 땐 어떡해?

학교에서 성별대로
모둠을 나누었거든?
그런데 남자만 모인 모둠도,
여자만 모인 모둠도
나에게 맞지 않는 것
같았어.

얼마 전에 학교에서 남자와 여자로 나눠서
모둠 활동을 했거든? 난 남자 쪽에 들어가야 했지만,
어쩐지 잘 안 맞는 느낌이 들었어. 그렇다고 여자애들만
모인 곳에 들어가라고 하면, 그것도 아닌 것 같고….
난 어딘가 이상한 걸까?

이렇게 생각해 봐!

전혀 이상하지 않아.
지금 느끼는 그 기분은
존중받아 마땅해.

남자인지 여자인지는 태어날 때 결정되는데, 그게 내 마음과 다를 수도 있어. 다른 성별이 더 잘 맞는다고 느낄 수도 있고, 둘 다 안 맞는다고 느낄 수도 있지. 어떤 마음이든 존중받아야 해.

 네 생각은 어때?

 힘들 때는 믿을 만한 어른이나 선생님께 얘기해 봐.

옷이나 머리 모양이 나와 안 맞는다고 느꼈다면

교복 형태가 나와 안 맞는다고 느꼈다면

화장실이 나와 안 맞는다고 느꼈다면

할머니

보건 선생님

상담 선생님

집에서 말하기 어렵다면 믿을 수 있는 어른에게 이야기해 봐.

이럴 땐 어떡해?

사내녀석이
여자애들이 하는
놀이만 하고, 이상해.
그래서 "너 완전
여자애 같아!"라고
했더니 울지 뭐야.

남자라면 전쟁놀이나 축구를 하면서 노는 게 맞잖아?
그런데 그 애는 맨날 소꿉놀이나 인형놀이 같은 것만 해.
그건 여자애들 놀이인데 이상하지 않아?
그래서 "너 완전 여자애 같아!"라고 했더니 막 우는 거야….
하지만 이상한 건 그 애잖아!

> 이렇게 해 보면 어때?

네 안에 있는 '평범한 남자애'의 모습을 한번 털어내 봐!

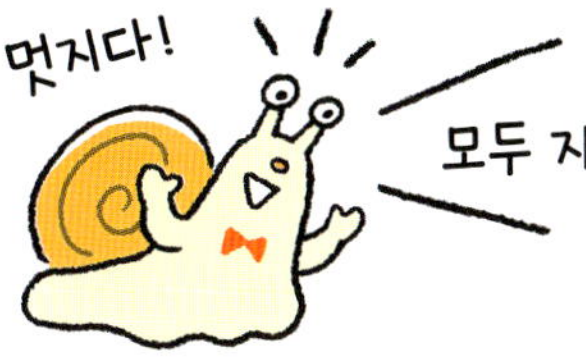

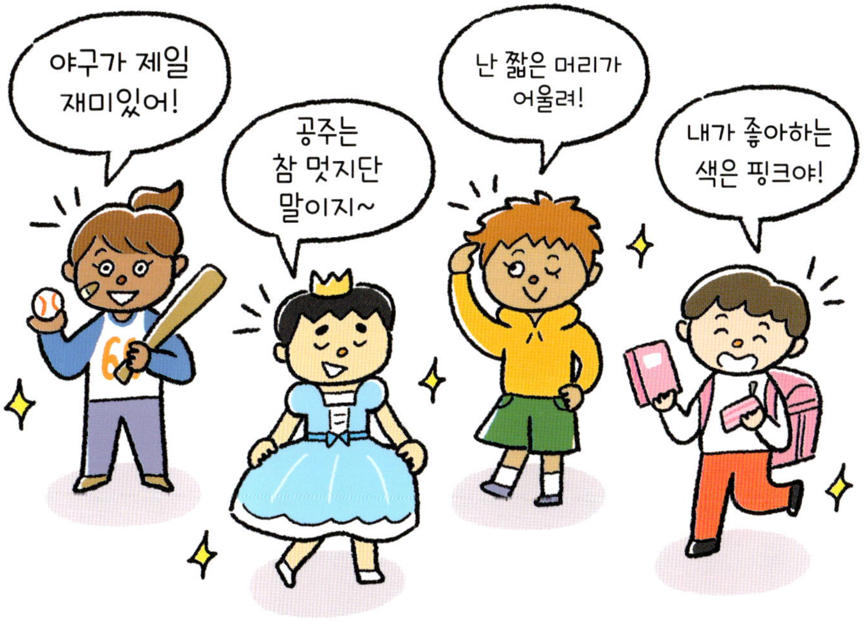

네가 생각하는 남자의 모습과 다르다고 해서
이상하다고 단정 짓거나 놀리면 절대 안 돼. 정해진 모습은 없어.
누구든 자기가 좋아하는 걸 마음껏 즐길 자유가 있는 거야.
남들과 다른 모습이 왜 이상하게 느껴졌을까?

이럴 땐 어떡해?

여자끼리
결혼할 수 있어?
여자 둘이 웨딩드레스
입은 걸 봤는데
왠지 이상한 느낌이
들었어.

원래 결혼은 남자랑 여자가 하는 거지?
우리 가족도 그렇고, 친구네 가족을 봐도 그래.
그런데 얼마 전에 텔레비전에서 여자 둘이 웨딩드레스를
입고 있는 모습을 본 적이 있어. 괜히 이상한 느낌이 들었어.
여자끼리도 결혼할 수 있는 거야?

이렇게 생각해 봐!

우리나라에서는 아직
여자끼리 결혼할 수 없어.
하지만 가족에는
다양한 모습이
있단다.

지금은 부부와 비슷한 동거인 형태도
생겨나고 있어. 하지만 실제로
결혼한 건 아니라서 제약이 많아.

어떤 게 정상적인 가족의 모습이라고 정해진 건 없어.

여자끼리, 또는 남자끼리 결혼하고 싶을 수도 있지.

미국이나 프랑스에서는 같은 성별끼리도 결혼할 수 있도록

법을 바꾸었어. 우리나라는 아직이지만,

미래에는 가능할 수도 있겠지.

네 생각은 어때?

이럴 땐 어떡해?

친구들은 다들
"민호가 좋아!", "준수가 좋아!"
라며 즐겁게 이야기해.
하지만 나는 좋다는 게
뭔지 잘 모르겠어.

좋아하는 남자애는 대체 어떻게 해야 생겨?
다른 친구들은 "난 민호가 좋아!", "난 준수!"라며 즐겁게
이야기하는데 솔직히 나는 좋아하는 마음이 뭔지 잘 모르겠어.
그래서 누군가 좋아하는 남자애가 누구냐고 물으면
뭐라고 대답해야 할지 몰라서 항상 난처해.

이렇게 생각해 봐!

좋아하는 사람이 생기는 것,
좋아하는 사람과 결혼하는 것.
그것만이 정상이라고
할 수는 없어.

좋아하는 사람이 없어도 전혀 이상하지 않아.
누군가를 사랑하고 좋아하는 것만이 정상은 아니야.
두근거리고 설레는 마음은 아니지만 함께 살아가고 싶은 사람과 결혼할 수도 있어. 그렇다고 결혼을 꼭 해야만 하는 것도 아니야.
네가 스스로 결정하면 되는 거야.

어떤 사람이 멋진 사람일까?

멋진 사람이라는 말을 들으면 누가 떠올라? 검을 들고 마법 주문을 외우며 적과 싸우는 강력한 만화 영화 주인공?

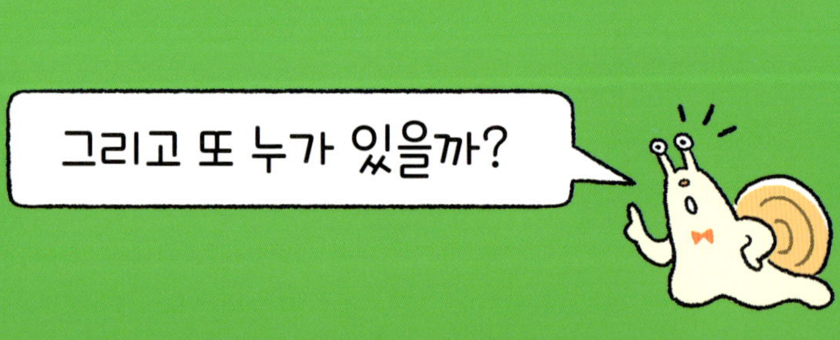

그리고 또 누가 있을까?

멋지다!
꽃을 소중하게 키우는 사람

멋지다!
곤충을 잘 아는 사람!

멋지다!
동생을 잘 돌보는 사람

멋지다!
상처받았을 때 "나 상처 받았어." 솔직히 말할 수 있는 사람

멋지다!
수영을 열심히 하는 사람

멋지다!
그림을 잘 그리는 사람

이것 말고도 더 많을 거야!

멋진 사람의 종류도 분명 하나만은 아닐 거야. 멋진 사람들은 다양한 분야에서 제각기 빛나고 있을 거라 생각해. 네 생각은 어때?

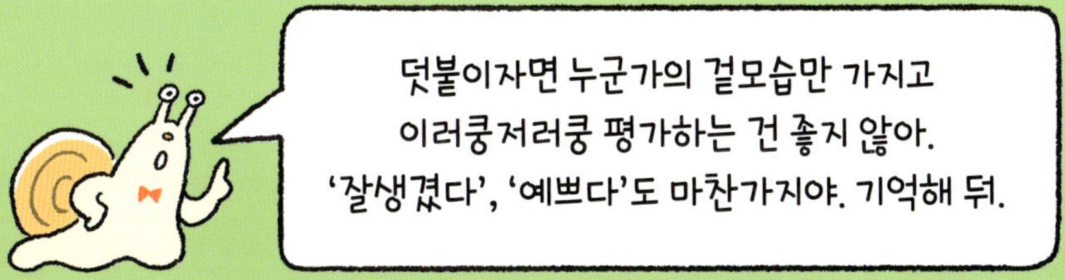

덧붙이자면 누군가의 겉모습만 가지고 이러쿵저러쿵 평가하는 건 좋지 않아. '잘생겼다', '예쁘다'도 마찬가지야. 기억해 둬.

모두 다르지만
다 좋아!

이럴 땐 어떡해?

화가 나면 곧바로 엄마나 친구한테 심한 말을 하게 돼. 멈출 수가 없어.

"양치했니?", "얼른 목욕해!"
"시끄러워! 엄마가 어디로 사라졌으면 좋겠어!"
… 또 엄마한테 나쁜 말을 했어. 화가 나면 곧바로 폭발해 버려.
나쁜 말이 입에서 터져 나오는데 막을 수가 없어.
친구랑 놀 때도 그래. 어떻게 해야 하지?

이렇게 해 보면 어때?

화의 뿌리에는
어떤 마음이
숨어 있는 걸까?
그 마음을 말해 보면
어떨까?

뿌리에 있는 마음

지금 하려고 했어.

혼자서는 힘들어.

너는 왜 화가 났을까? 화의 뿌리에는 어떤 마음이 있는 걸까? '잠깐만 기다려 줘', '지금 하려고 했는데…' 이런 걸까? 아니면 '배고파', '졸려'? 어쩌면 '외로워', '힘들어' 일지도 몰라. 상대에게 '나쁜 말을 해서 미안해.'라고 말한 다음, 뿌리에 있는 마음을 있는 그대로 전해 보면 어떨까?

이럴 땐 어떡해?

같은 반에 어쩐지
잘 안 맞는 아이가 있어.
선생님은 모두 사이좋게
지내라고 하시지만
그게 잘 안 돼.

선생님은 언제나 모두 사이좋게 지내라고 말씀하셔.
하지만 좀처럼 다가가기 힘든 아이가 있어.
"진짜 싫어!" 이런 마음은 아니지만 별로 같이 있고 싶지 않아.
같은 모둠이 되지 않았으면 좋겠고….
어른들은 모두가 다 서로 친해? 그럴 것 같진 않은데?

> **이렇게 해 보면 어때?**

친하게 지내기 힘들 것 같은 아이와 꼭 친구가 되려고 노력하지 않아도 괜찮아. 적당히 잘 지내기만 해도 문제없어.

어째서인지 모르지만 '이 아이랑은 잘 못 지내겠어.', '나랑 맞지 않는 것 같아.' 이런 생각이 들 때가 있어.
모든 아이와 꼭 친하게 지내려고 노력하지 않아도 괜찮아.
물론 잘 안 맞는다고 해서 괴롭히면 안 되겠지?
친구는 아니어도 같은 교실에서 함께
공부하고 급식은 먹을 수 있잖아?
적당히 어울릴 수 있다면 충분해!

이럴 땐 어떡해?

우리 반에 조금
특이한 아이가 있어.
어째서 수업 중에
자꾸 일어나서
돌아다니는 걸까?

특별 대우?

우리 반에 다른 애들하고 어딘가 좀 다른 아이가 있어.
수업 시간인데 자리에서 일어나서
걸어 다니거나 갑자기 큰 소리를 내기도 해.
그런데 왜 그 애만 혼나지 않는 걸까?
특별 대우하는 것은 좀 불공평하다는 생각이 들어.

> **이렇게 생각해 봐!**

우리는 모두 태어날 때부터
다양한 특성을 가지고 있어.
눈이 나쁜 아이는 안경을 쓰잖아.
그게 불공평한 일일까?
모두가 똑같아지는 방법 말고,
모두 즐겁게 지낼 수 있는
방법을 생각해 보자!

모두 똑같이

모두 즐겁게

가만히 있지 못하는 아이, 말하는 것이 어려운 아이, 소리가 안 들리는 아이, 휠체어를 타야 하는 아이···. 다양한 특성을 가진 아이들이 있어. 장애가 있다고 말하기도 해. 남들과 같지 않다고 이상한 건 아니야. 서로 다른 점을 이해하고 존중한다면 모두가 즐겁게 살아갈 수 있을 거야.

네 생각은 어때?

나와 조금 다른 아이를 두고 이상하다며 상처 주거나 괴롭히면 절대 안 돼!

이럴 땐 어떡해?

사실 나 따돌림을
당하고 있어.
학교도 가고 싶지 않아.
학교를 계속 쉬면
어떻게 될까?

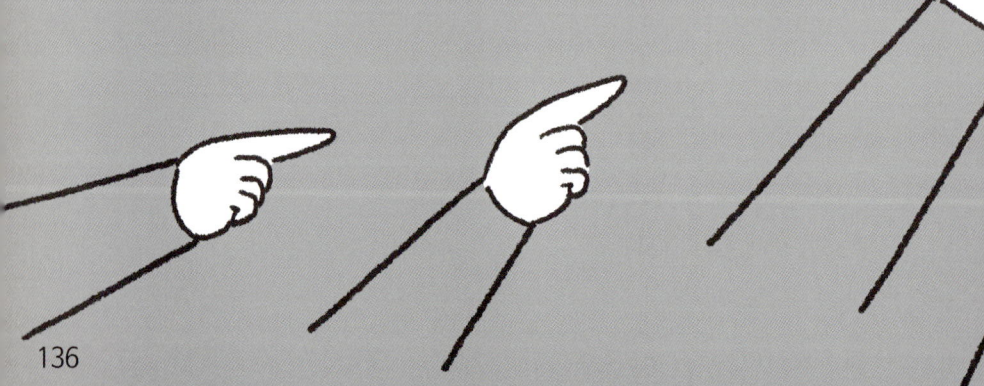

같은 모둠 안에서 나만 언제나 외톨이야.
다 들리게 내 흉을 보고, 실내화도 감추고 그래.
괴로워. 슬퍼. 더 이상 학교에 가고 싶지 않아.
하지만 학교를 계속 안 가면 커서 어떻게 될지 걱정돼.

공부는 학교가 아닌 곳에서도 할 수 있으니까 걱정 마.
네 편이 되어 줄 어른이 네 곁에 반드시 있어.

길은 하나만 있는 게 아니야!

우선 믿을 만한 어른에게 털어놓으면 좋겠어.
집안의 어른, 학교 선생님, 방과후 교실 선생님….
네가 이야기하고 싶은 사람이라면 누구든 괜찮아.
털어놓을 어른이 없다면 상담 센터를 이용해도 좋아.
단, 따돌림 당하는 건 절대 네 탓이 아니야.
힘들면 쉬어 가도 괜찮지만 떠나야 할 사람은
네가 아니라 널 괴롭힌 사람이란 걸 기억해.

네 생각은 어때?

우선 당분간 쉰다.

방과후 교실 선생님께 얘기해도 돼.

청소년 상담 센터
24시간 전화 상담

일반전화 1388 휴대전화 지역번호+1388

이웃집 누나도 괜찮아.

'대안학교'라는 다른 형태의 학교도 있어.

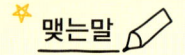

《어린이 젠더》를 끝까지 읽어 주셔서 감사합니다.

이 책에서 제가 여러분에게 가장 전하고 싶었던 말은 '여러분 인생은 여러분의 것'이라는 거예요.

책을 읽은 어린이 중 몇몇은 어쩌면 지금 모습으로는 세상을 살아가기 힘들겠다고 생각했을 수도 있어요. 나의 겉모습, 내가 좋아하는 것, 나의 장래 희망 등 내가 결정한 것들을 두고 누군가 "그건 괜찮네.", "그건 안 돼." 하고 평가하면 왠지 나에게 문제가 있는 것처럼 느껴지기도 하지요.

하지만 내가 나 스스로를 아끼고 좋아해야 해요. 내 인생을 결정할 사람은 바로 나니까요.

만약 나에게 상처 주는 사람이 있다면 멀어져도 괜찮아요. 나답게 살아가려는 마음을 소중하게 여겨 주는 사람이 있고, 나 역시 그들을 소중하게 여긴다면 그것으로

충분해요. 나 자신을 지키며 살아가는 것
만으로 이미 우리는 충분히 훌륭한 사람입니다.
어른이 되기 전 상처받을 일이 생긴다면 다시 이 책을 펼쳐 보세요.
　몇 번이고 여러분에게 강조하고 싶습니다.
　"여러분은 여러분답게 살아가는 것만으로 이미 충분합니다."
　여러분이 멋진 인생을 살아가는 데 이 책이 조금이라도 도움이 된다면 그보다 더 기쁜 일은 없을 거예요.
　다시 한 번 이 이야기를 끝까지 읽어 줘서 정말 고마워요.

오누키 시오리

어린이의 지킴이인 어른들에게

부모님은 물론 사회를 살아가는 모든 어른에게
드리고 싶은 말씀입니다. 어린이 한 명 한 명이 모두 '나답게'
살아갈 수 있는 사회에 대해 함께 생각해 볼까요?

　어린이의 '나다움'을 빼앗지 않기 위해서 젠더와 섹슈얼리티를 둘러싼 36가지 질문을 읽으며 여러분의 머릿속에는 어떤 생각이 떠오르셨나요? 이제까지 쌓아 온 가치관과 맞지 않을 테니 질문을 읽을 때마다 저마다 여러 가지 생각을 품으셨으리라 생각합니다. 제가 각 장에 담으려 했던 메시지가 무엇인지 여기서 다시 한 번 설명하고자 합니다.

　우선 1장 '어째서 남자만? 어째서 여자만?'에서는 사회적·문화적으로 만들어진 성별인 '젠더'를 둘러싸고 우리 주변에서 흔히 일어나는 사례를 모았습니다.
　빨간 책가방을 가지고 싶어 하는 남자 어린이에게 "빨강은 여자색이니까 검정이나 파랑으로 하렴." 혹은 짧은 머리 여자아이가 다른 사람과 자신을 비교하며 "머리가 길고 얌전한 여자애가 인기가 많다는데."라고 하는 말들. 여기에서 볼 수 있는 것은 전통적이고 획일적인 젠더 규범입니다.

　남자는 이래야 하고 여자는 저래야 한다는 기존의 젠더 규범은 한 명 한 명의 어린이가 '나다움'을 찾아갈 때 방해가 될 수 있습니다. 실제로 유소년기에 '선머슴 같은 여자애', '사내자식이 계집애 같다' 같은 젠더와 관련된 부정적인 말을 들은 경험 때문에 자신감을 잃었다는 이야기를 자주 듣습니다.

　전통적인 남녀 이미지에 맞지 않는다는 이유로 한 사람이 지니고 있는 '본래의 매력'이 시들어 버린다면 너무 안타까운 일 아닐까요? 치우친 젠더 규범에 좌우되는 대신 개개인이 나다움을 지키며 살 수 있는 사회가 되어야 한다고 생각합니다.

 성 역할에서 자유로운 미래를 그려 나갈 수 있게

　2장 '아빠와 엄마는 무얼 하는 사람이라고 생각해?'에서는 사회에서 기대하는 남녀의 고정적인 역할과 행동 양식인 '성 역할'을 정리했습니다. 그중에는 만화나 텔레비전 프로그램, 주변 어른들의 말 등으로 인해 어린이들도 당연한 일로 생각하는 것들이 많습니다.

　배가 고픈 아이가 "엄마, 밥 언제 먹어요?" 하고 묻는 것은 요리는 엄마(여성)의 일이라고 생각하기 때문일 수 있고, 평일 낮에 집에 있는 친구의 아버지를 보고 '일은 안 하시나?' 하고 생각하는 건 아빠(남성)는 밖에서 일하며 가족을 위해 돈을 벌어오는 사람이라고 생각하기 때문 아닐까요?

그런 믿음은 "여자애가 뭐 하러 그렇게 공부를 열심히 하니?", "남자가 좋은 학교에 못 가면 어떡해?" 같은 주위 어른들의 말을 들으며 더욱 단단해지고, 장차 자신의 인생을 선택할 때도 영향을 받을 수 있습니다. 성별에 따라 제약을 받는 사회가 좋은 사회일 리 없지요. 어떤 성으로 살아가든 자신의 인생을 자유롭게 그릴 수 있는 세상이 되어야 한다는 마음을 담아 2장을 썼습니다.

 섹슈얼리티의 다양성을 알았으면

3장 '남자는 여자만 좋아해? 여자는 남자만 좋아해?'에서는 동성을 좋아하는 '섹슈얼리티'처럼 다양한 성적 지향과 성 정체성을 구성하는 요소를 구체적인 상황과 함께 생각해 보았습니다.

'LGBTQ+'라는 단어를 접해 본 적이 있나요? 이 말은 레즈비언(lesbian: 여성 동성애자), 게이(gay: 남성 동성애자), 바이섹슈얼(bisexual: 양성애자), 트렌스젠더(transgender: 태어나면서 주어진 성과 자기가 인식하는 성이 일치하지 않는 사람), 그리고 퀴어/퀘스처닝(queer/questioning: 기존 성 규범의 특정한 틀에 속하지 않는 사람/알 수 없는 사람)이라는 각 단어의 앞 문자를 연결한 낱말입니다. 가장 끝에 붙는 '+'는 LGBTQ로도 표현할 수 없는 다양한 성 정체성을 나타냅니다.

 유감스러운 일이지만 어린이들이 성의 다양성을 배울 기회는 많지 않습니다. 어릴 때부터 '성의 모습은 다양하다'는 것을 자연스럽게 알게 된다면 그 아이는 자신뿐 아니라 주변 사람도 존중할 수 있을 것이고, 그런 어린이가 성인으로 자라난 사회는 누구나 안심하고 살 수 있는 곳일 것입니다. 부디 어린이와 함께 이야기 나눠 보시길 바랍니다.

 만일 자녀가 커밍아웃을 한다면

 강연이 끝나면 이렇게 묻는 부모님이 계십니다. "아이가 동성애자라고 고백하면 어떻게 대응해야 할까요?" 그에 대한 제 나름의 의견을 이야기해 보겠습니다.

 우선 커밍아웃을 하기 위해서는 큰 용기가 필요했을 것입니다. 그러니 처음에는 "알려 주어서 고맙다."라고 말해 주세요. 그런 다음 왜 말하게 되었는지, 그 배경을 물어보면 어떨까요? 집에서는 어떻게 대해 주면 좋겠다거나, 교복 때문에 말하고 싶은 것이 있다는 등의 구체적인 고민을 말한다면 각 상황에 맞는 대응법을 생각해 볼 수 있습니다. 그냥 알아주었으면 싶었다든지, 마음이 답답하고 어떻게 해야 좋을지 몰라서 말했다고 한다면 흔쾌히 받아들이고 힘든 점이 있으면 말하라며 아이를 응원하고 있음을 알게 해 주면 어떨까요?

만약 아이가 먼저 말하지 않는다면 파고들지 않는 편이 좋습니다. 아이의 영역을 지켜 주면서 '나는 너의 지지자'라는 긍정적인 메시지를 보낸다면 아이 역시 무슨 일이 있을 때 털어놓을 곳이 있다는 믿음을 가질 수 있을 것입니다.

만약 자녀가 '편견에 치우친 젠더 규범'을 입에 담는다면

어린이들 역시 사회에서 다양한 영향을 받고, 그 안에서 많은 것을 흡수합니다. 젠더나 섹슈얼리티에 대한 그릇된 이미지를 갖게 되는 경우도 있지요.

실제로 이런 일이 있었습니다. 초등학교 저학년을 위한 수업을 진행하던 중 공주와 귀여운 물건을 좋아하는 남자아이를 예로 들자 한 남자아이가 이렇게 말했습니다. "남자가 공주를 좋아하다니, 짜증 나요!"

이런 상황을 맞닥뜨리게 되면 자기도 모르게 "그런 말 하면 안 돼!" 하고 부정적인 말이 튀어나올 거예요. 하지만 우선 숨을 들이마시고 "넌 그렇게 생각하는구나?" 하고 받아들여 주세요. 그런 후에 왜 그렇게 생각하는지 물어봐 주세요. 가르친다는 입장이 아니라 함께 이야기한다는 마음으로 다양한 사람들이 있어도 괜찮다고 말해 보면 어떨까요? 바로 이해받지 못할지도 모릅니다. 수업에서 만났던 남자아이도 한 번의 대화로 마음을 바꾸지는 않았던 것 같습니다. 하지만 그때 나누었던 대화가 계기가 되어 언젠가 시야가 넓어질 때가 올 수도 있겠지요.

어른들이 어린이의 권리를 지켜야 합니다

마지막으로 '모두 다르지만 다 좋아!'에서는 젠더와 섹슈얼리티에 관한 이야기는 아니지만 꼭 전하고 싶은 테마를 다루었습니다. 모든 사람이 나답게, 나로서 건강하게 살아갈 권리가 있습니다. 그 사실을 어린이들에게 전하고 싶었습니다.

어린이들의 권리는 우리 어른들이 지켜 주어야 합니다. 부모뿐 아니라 이 사회에서 어린이들과 함께 살아가는 모든 어른에게 그 역할이 있다고 생각합니다. 만약 여러분에게 어린이가 고민을 털어놓는다면 어떤 자세로, 어떤 말을 해 주시겠습니까? 그에 대한 해답을 찾을 때 이 책이 도움이 된다면 좋겠습니다.

저자 **오누키 시오리**

조산사이자 성교육 유튜버. 종합병원 산부인과 병동에서 조산사로 일하며 정신과 아동 사춘기 병동에서 청소년을 위한 심리 케어를 공부했다. 2017년부터 성교육 활동을 시작하면서 유튜브 활동을 겸했다. 저서로 〈CHOICE 스스로 선택하고 고르기 위한 '성' 지식(CHOICE 自分で選びとるための「性」の知識)〉이 있다.

역자 **송지현**

한국외국어대학교 일본어과 졸업, 동 대학교 일반대학원 일어일문학과 석사 과정을 수료했으며, 도쿄대학 대학원 인문사회계연구과(일본문화연구 전공) 석사 학위를 받았다. 현재 번역 에이전시 엔터스코리아 출판기획 및 일본어 전문 번역가로 활동하고 있다. 주요 역서로는 〈생각 비우기 연습〉, 〈어떤 전쟁〉, 〈어린이를 위한 SDGs〉가 있다.

감수 **초등젠더교육연구회 아웃박스**

성평등 교육을 실천하는 초등학교 교사들의 연구 모임이다. 어린이, 청소년의 성 고정 관념을 깨고 성 인지 감수성을 기르는 수업 자료 및 학급 운영 방법을 연구하고 현장에서 널리 쓰이도록 공유하고 있다. 쓴 책으로 〈예민함을 가르칩니다〉, 〈소녀들을 위한 내 마음 안내서〉(공저), 〈열두 달 성평등 교실〉이 있다.

우린 모두 달라!

2022년 04월01일 1판1쇄 발행

글 | 오누키 시오리   그림 | 무라타 에리   감수 | 마쓰오카 소시
옮김 | 송지현   한국어판 감수 | 초등젠더교육연구회 아웃박스
펴낸이 | 나춘호   펴낸곳 | (주)예림당   등록 | 제2013-000041호
주소 | 서울시 성동구 아차산로 153 예림출판문화센터   홈페이지 | www.yearim.kr
책 내용 문의 전화 | 3404-9245   구매 문의 전화 | 마케팅 561-9007   팩스 | 562-9007

책임 편집 | 최혜원   디자인 | 이정애/강임희   저작권 영업 | 문하영
제작 | 신상덕/박경식   마케팅 | 임상호/전훈승   영업홍보 | 김민경
ISBN 978-89-302-7159-2 73330

KODOMO GENDER
Copyright ⓒ ONUKI SHIORI 2021
Korean translation rights arranged with WANI BOOKS CO., LTD.
through Japan UNI Agency, Inc., Tokyo and Danny Hong Agency Seoul

이 책의 한국어판 저작권은 대니홍 에이전시를 통한 저작권사와의 독점 계약으로 (주)예림당에 있습니다.
저작권법에 의해 한국 내에서 보호를 받는 저작물이므로 무단전재와 복제를 금합니다.

어린이제품 안전특별법에 의한 제품 표시사항
제품명 | 도서   제조자명 | (주)예림당   제조국명 | 대한민국   전화번호 | 02)566-1004
주소 | 서울시 성동구 아차산로 153   제조년월 | 발행일 참조   사용연령 | 8세 이상

*잘못 만들어진 책은 구입하신 곳에서 바꾸어 드립니다.